Maribel Carreres Puchau

APULEYO EDICIONES   FOMENTO DE VALORES   CUENTOS ILUSTRADOS

La niña de viktor

APULEYO EDICIONES   FOMENTO DE VALORES   CUENTOS ILUSTRADOS

Al Colegio La Milagrosa de Cullera,
por haberme hecho mejor profesional:

Rafa Soler Beltrán
Víctor Fernández
Rosa Bru

Mi nombre es Viktoria. Mi padre se llamaba Frank y mi madre Anna. Soy hija de un encargado de fábrica y una costurera que trabajaba en casa. Todas las niñas de mi barrio teníamos vestidos hechos por mi madre. A veces ganaba tres veces más que mi padre, haciendo y enviando vestidos a señoritas solventes alemanas. Mi familia era judía. Cuando nací, mi padre decidió llamarme Viktoria, porque era una niña diferente, capaz de sobrevivir a un tremendo sarampión que mi madre sufrió durante el embarazo:

—¡Esta niña tiene ganas de vivir! —Exclamó mi padre cuando me vio por primera vez.

—¡Ni la más cruel barbarie podría con ella! —Continuó.

Viktor Frankl

Nací como mi ídolo Viktor Frankl, en Viena, soy austriaca. Me apasionaba ese hombre, la neurología y la psiquiatría, soñaba con parecerme a él en el futuro. Le había visto en el hospital, y mucha gente ahorraba para ir a sus consultas privadas. Asistí a la escuela de primaria, una Volksschule donde, además de desarrollar mi pasión por el cerebro humano, descubrí mi otro lado creativo: la música.

Al llevar una infancia tranquila, sin preocupaciones, pude utilizar mi percepción y, así, todo lo que me rodeaba tenía, para mí, una explicación científica basada en la música. Me gustaba contar, por la calle, lo que duraban los sonidos y darles los nombres, según la duración, de las figuras musicales. Luego, era capaz de juntarlos y colocarlos en el pentagrama, a ver qué sonaba y notar qué sensación producían en mí. Las personas y las cosas dejaron de tener forma para parecerse a figuras musicales.

Frau Luzie era mi profesora en el colegio, la verdad es que éramos un grupo muy ruidoso, por lo que no era de extrañar que gritara para hacernos callar. Un día hice un cálculo de cuánto duraban sus gritos, y la media hizo que le llamara Frau redonda con puntillo, me salieron seis tiempos. Reconozco que mis pensamientos eran algo traviesos, pero no podía dejar de pensar. Recuerdo algo que mi madre siempre me repetía:

–¡Viktoria! Como le decía Marie Curie a su hija Irène: nunca dejes de pensar.

Pensar me llevaba a un pensamiento a otro, y de ahí a descubrir cosas.

Una noche de 1942 me arrancaron de los brazos de mis padres, a donde me llevaron solo me pude llevar una bolsa con dos mudas; recuerdo los gritos de mis padres chillando agónicamente. Nuestro delito: ser judíos. Había sido un día tranquilo, demasiado para mi gusto, tanto que me dediqué a leer notas en un pentagrama y a contarlas con la palma de la mano sobre mi pierna, pero lo hice en voz baja. Fue al llegar a las líneas finales de un pentagrama en la oscuridad, cuando apareció un camión de soldados alemanes y corrieron detrás de nuestros padres, con la intensidad de una melodía de Beethoven; todos locos; subiendo el tono.

Al llegar al interior del camión, todo estaba oscuro, no podía contar la velocidad de la respiración de la gente que iba dentro, eso sí, adiviné que el sonido correspondía a la figura de la tristeza, y era el comienzo de un motivo de Beethoven.

La estación de ferrocarril de Auschwitz fue donde empezó todo. El shock invadía mi cuerpo y no podía reconocer qué estaba viendo ni pasando, pues, para mí, todo estaba envuelto en una cortina de humo, pero esta solo estaba en mi cabeza. El viaje supuso ser transportados en vagones durante varios días y varias noches; tiempo para hacerme ver que éramos ochenta personas en el mismo vagón, donde apenas nos podíamos mover.

Después me dijeron que, en total, seríamos unas mil quinientas personas en aquel tren.

Recuerdo que cuando parábamos, unas personas con perros nos alumbraban con linternas y
empapaban con mangueras de agua, hasta entonces, el olor era infernal, pues defecábamos
en el mismo cubo, y muchos tenían diarrea por
el susto, la subida de cortisol hacía que tuviéra-
mos enfermedades físicas derivadas del estrés.

Lo peor era que no sabíamos a qué íbamos a Polonia, en qué íbamos a trabajar, ni conseguíamos distinguir el día de la noche. Hasta el silbato de la locomotora, al llegar, parecía predecir nuestro cruel destino. Finalmente, en la estación, conseguí respirar hondo y leer el letrero: Auschwitz.

Lo siguiente que vi con conciencia fue nuestro amargo hogar, el campo de concentración; rodeado de alambre de espino electrificado, torretas de vigilancia, focos que te podían hasta cegar y, lo peor, calles que no conducían a ningún destino en concreto, pues ibas y venías sin ver el fin; no era un Da Capo, era directamente un Kaputt. Allí me agarré a mis sueños, era lo único que no me podían quitar ya que me despojaron de mi ropa, mi pelo, incluso de la comida, nunca iban a poder con mi mente, y cuando decaía, me repetía a mí misma la melodía maravillosa de mi vida, en clave de Sol reluciente: "Viktor, Viktor, Viktor", "Viktor".

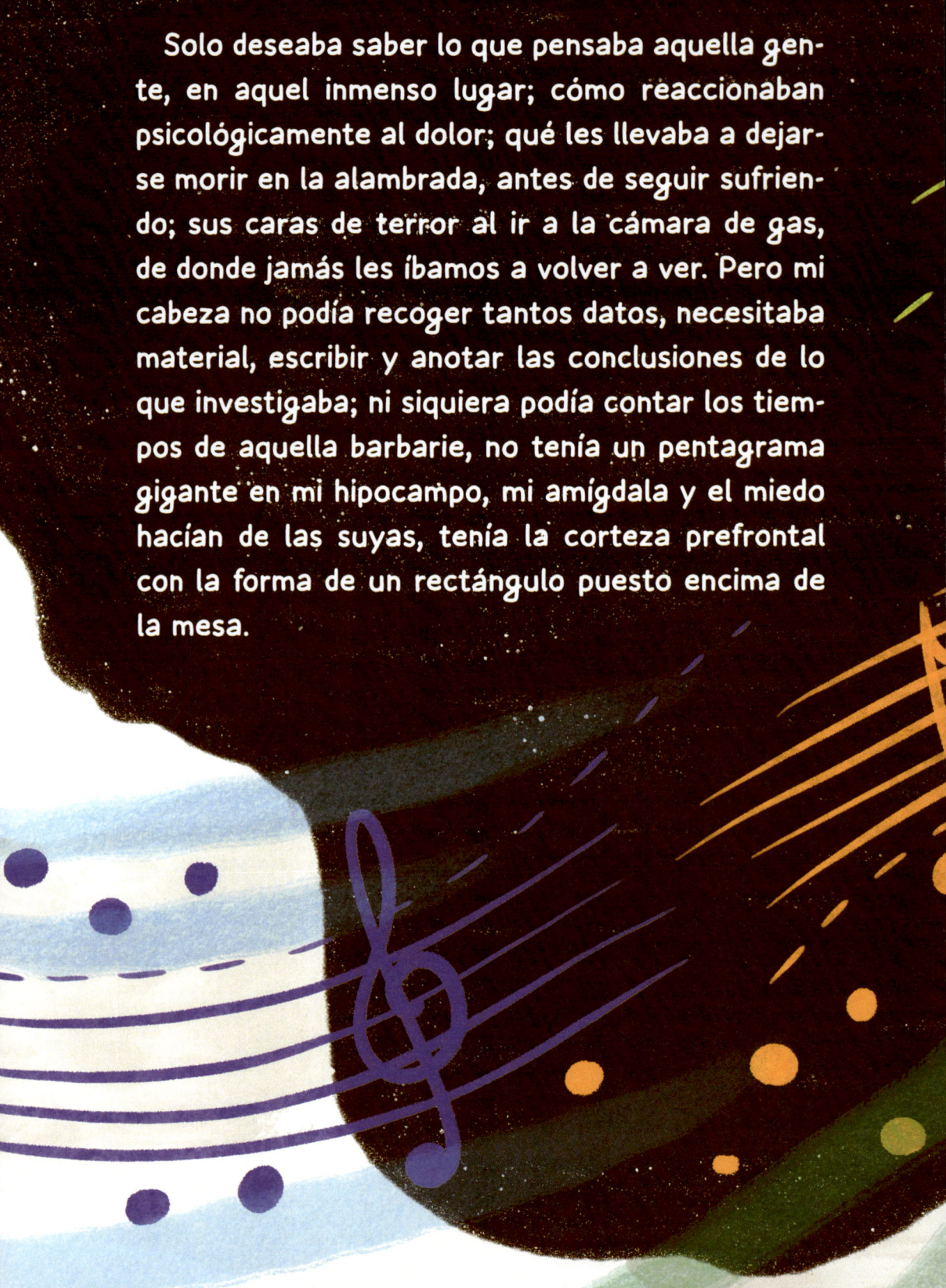

Solo deseaba saber lo que pensaba aquella gente, en aquel inmenso lugar; cómo reaccionaban psicológicamente al dolor; qué les llevaba a dejarse morir en la alambrada, antes de seguir sufriendo; sus caras de terror al ir a la cámara de gas, de donde jamás les íbamos a volver a ver. Pero mi cabeza no podía recoger tantos datos, necesitaba material, escribir y anotar las conclusiones de lo que investigaba; ni siquiera podía contar los tiempos de aquella barbarie, no tenía un pentagrama gigante en mi hipocampo, mi amígdala y el miedo hacían de las suyas, tenía la corteza prefrontal con la forma de un rectángulo puesto encima de la mesa.

Me dirigí con mucho miedo a uno de los Kapos. Había uno en concreto, al cual había visto llegar a los dos extremos, tanto a hacer favores a los prisioneros a cambio de una recompensa, como a matarlos a palos y ser más cruel que los guardias de las S.S. Me temblaba todo el cuerpo, mi afán por la psicología y la música me llevarían a conseguir mi objetivo, o ser brutalmente asesinada, pero debía intentarlo.

-Eres muy guapa-. Fue lo primero que me dijo nada más acercarme, con la sonrisa más macabra que jamás había visto.

Le conté educadamente lo que necesitaba, cambiándole la cara de inmediato. De repente, se llevó la mano a la cadera y pensé que me iba a pegar un tiro sin mediar palabra, sin embargo, sacó un papel, apuntó mi petición y me dijo:

-Me has de dar un beso.

Acerqué mi cara, pero me besó en los labios, entonces probé el sabor de la maldad, un sabor de color ocre. Me sentí violada, como aquellas mujeres a las que Irene ayudaba a abortar por las noches, o aquellas que limpiaba después de tener relaciones con soldados u otros prisioneros a cambio de comida u objetos; incluso, como aquellas que preferían matar a sus hijos no nacidos antes de acabar en la cámara de gas por el embarazo; o sometidas a dolorosos experimentos, donde morían de dolor sin anestesia o de una infección.

Cuando me alejé de aquel malvado hombre, me sentí tan abusada que a mi cerebro me vino la figura del bemol, porque este se había convertido en un tobogán musical; desde la felicidad de conseguir material en la subida, hasta bajar medio tono, descendiendo mi ilusión después de aquel beso despiadado.

Al día siguiente tenía todo lo que necesitaba, pero tardé demasiado en quitarme de la amígdala aquella crueldad que tenía sonido a muerte, aquel bemol que, de repente, bajó. Ahora había merecido todo el sufrimiento porque su nota creó en mí un ambiente suave y relajado, hasta noté mi piel más limpia y refrescante.

Lo primero que escribí en aquel cuaderno, escondido entre el material que necesitaba, fue la envidia que sentía por aquellas cosas, ya que carecían de sentimientos y no podían sentir mi sufrimiento, pero me iban a ayudar a anotar y escribir la melodía más hermosa, porque no era solo para mí, sino para ayudar la vida de muchos prisioneros. Día a día, me levantaba con la ilusión de continuar con mis experimentos: el saber sobre la mente humana; observaba tanto al prisionero que sonreía, como al que lloraba; aquel que corría hacia la alambrada para morir electrificado; aquellos que iban a la cámara de gas; las violaciones y palpaciones de las mujeres en contra de su voluntad... Algo en mi cuerpo sentía como si fueran flores creciendo dentro de él, en un campo de concentración gris y oscuro.

A veces, hasta me pasaban cosas buenas y me encontraba un vaso de leche al lado de mi cama. Una de las mejores cosas que me pasaron y que ayudaron a completar mis experimentos, fue descubrir el barracón del bloque número 6.

Era un sábado a las tres de la mañana cuando me despertaron las notas de los instrumentos abombados y destartalados de los músicos prisioneros de aquel lugar. Los soldados alemanes habían llegado tan borrachos que ordenaban tocar cuando llegaran para continuar la fiesta.

Bloque Numero 6

Viktoria

A pesar del ruido, los niños éramos los primeros en dormirnos; la música llegaba a nuestros cerebros para serenarnos en medio de la hostilidad. Al día siguiente, los soldados se levantaron enfurecidos, el periodo de resaca no había sentado demasiado bien, así que sacaron a todos los músicos del bloque 6 en medio del campo y preguntaron por todos los barracones quién sabía tocar un instrumento, matando a todo aquel que contestara enseguida. En menos de media hora un buen número de músicos y cantantes estaban tocando y cantando marchas militares francesas, las favoritas de la S.S. Con ayuda de los perros y las porras, obligaron a los hombres, con 20 grados bajo cero y con el único abrigo de un pijama de rayas, a caminar hacia la salida, al compás de la música. Algunos de ellos estaban demasiado débiles para seguir una marcha militar y caían en el intento, dos hombres murieron del golpe. Fue entonces cuando la música se llenó de humanidad y solidaridad, y los músicos bajaron la velocidad de las marchas; los soldados alemanes, al no conocer el poder de la música, no se dieron cuenta, saliendo los prisioneros ilesos hacia otro día de trabajos forzados.

Dos días más tarde presencié la soberana paliza a una mujer que no prestó resistencia; golpeada hasta que gritó en un perfecto alemán: "¡Soy ingeniera y toco el violín!" Como por arte de magia, dejaron de golpearla y le trajeron un maravilloso Stradivarius flamante, que escondía grabado una esvástica y una frase en alemán en la parte de atrás. Cuando la chica empezó a tocar, dos soldados alemanes comenzaron a llorar de la emoción, la música había dejado de tocar la nota de la barbarie en sus cerebros, para tocar la de la ternura.

Una noche se me ocurrió una idea; ya que la música tenía el poder de convertir lo horrendo en una figura majestuosa renacentista, propuse a aquellos compañeros que venían más cansados y heridos hacer un grupo de canto en mi barracón. Comenzamos a cantar y algunos se unían con sus instrumentos, tocando piano para que no les oyeran los soldados alemanes, que los miércoles ya estaban borrachos. A los diez días observé que las arrugas de los prisioneros estaban menos marcadas y aquellos accidentados o enfermos habían mejorado su estado de salud. Recordé una frase que Frau Redonda con Puntillo decía en clase: "Platón dijo que la música tiene el poder de apoderarse del cuerpo para llegar al alma". Ahora Frau Luzie era la luz que me iluminaba.

Nunca olvidaré la noche que fuimos liberados; mi primer trabajo; cómo disfruté mis estudios de psiquiatría; cómo fui libre.

Hoy en día soy una apacible ancianita que ha ayudado a millones de personas vendiendo felicidad. Me costó más de veinte años encontrar a mis padres, mi padre hacía vías de ferrocarril y mi madre vestía a las mujeres de los nazis; murieron calentitos conmigo. He olido la carne humana de los hornos crematorios, y he entendido al caníbal arrepentido, que me hablaba de la carne humana; me he reído del abogado ignorante que nos niega que el gas que mataba a los prisioneros no está en el ambiente, llamándonos mentirosos. Al levantarme con una ilusión he entendido que las flores que notaba en aquel lugar eran mis células, que estaban modificándose para bien; y el alargamiento de mis teloneros. Tengo un hijo maravilloso llamado Vier, igual que el último número que tenía como prisionera y aún llevo tatuado en el brazo; porque la historia no hay que negarla, solo hay que conocerla y aprender de ella.

© Maribel Carreres Puchau (de la obra)
©Apuleyo Ediciones (de esta edición)
Primera edición en Apuleyo Ediciones: febrero 2025
Diseño de cubierta: Sofía Corzo González
Corrección: Aitor Andreu Guerrero
Maquetación: Ernesto Pérez Martínez
Ilustraciones: Mercedes Irastorza
Coordinación editorial: Isidoro Cidre González
info@apuleyoediciones.com
www.apuleyoediciones.com
ISBN: 978-84-10014-49-7
Depósito legal: H 397-2023

Hecho e impreso en España.

Escritora

Maribel Carreres Puchau